Le Basi della Finanza: La Guida per Principianti per Capire Economia e Finanza

Cristina Padovesi

Published by Cristina Padovesi, 2022.

While every precaution has been taken in the preparation of this book, the publisher assumes no responsibility for errors or omissions, or for damages resulting from the use of the information contained herein.

LE BASI DELLA FINANZA: LA GUIDA PER PRINCIPIANTI PER CAPIRE ECONOMIA E FINANZA

First edition. September 21, 2022.

ISBN: 979-8215479155

Written by Cristina Padovesi.

Also by Cristina Padovesi

Le Basi Dell'Economia: La Guida per Principianti per Capire
Economia e Finanza
Le Basi della Finanza: La Guida per Principianti per Capire
Economia e Finanza

Sommario

CAPITOLO 1
Storia della finanza

La prima questione che si pone è quella di individuare il punto iniziale da cui è iniziato il lungo percorso che ha portato all'organizzazione dei moderni mercati finanziari.

Intanto, bisogna citare la crisi che ha coinvolto l'Europa dopo la caduta dell'Impero Romano d'Occidente (476 d.C.) in cui l'economia regredì al sistema del baratto. Il crollo del sistema amministrativo e fiscale dell'Impero ridusse l'utilizzo della moneta. A questo bisogna aggiungere l'invasione del Vecchio Continente da parte di popolazioni barbariche che, nella maggior parte dei casi, non conoscevano lo strumento del denaro. Anche se la moneta non sparì mai del tutto, la sua circolazione si ridusse drasticamente per secoli.

A partire dall'ultima fase del cosiddetto Alto Medioevo (intorno all'anno 1000) nelle società agrarie e nei piccoli centri urbani si iniziarono ad organizzare mercati in cui venivano scambiate le merci prodotte. In questi contesti, la moneta si riaffermò come strumento principale per l'acquisto e la vendita di merci. La facilità dello scambio tramite denaro riduceva in maniera considerevole i costi di transazione. La scoperta dell'uso della moneta, quindi, può rappresentare la prima tappa del nostro percorso.

La seconda viene individuata nel passaggio dalla moneta al credito. Lo sviluppo delle fiere periodiche e dei grandi mercati, insieme alla ripresa del commercio a distanza, portarono all'introduzione di nuove forme di pagamento non fondate sullo scambio materiale di moneta, ma sulla reputazione creditizia di terze parti. Grandi mercanti, notoriamente ritenuti solvibili in quanto possessori di ingenti risorse finanziarie, emettevano delle lettere di cambio in cui veniva riconosciuto un debito. Grazie a questi prestiti emessi tramite "moneta scritturale", i mutuatari potevano acquistare merce e i venditori provvedevano a far scrivere il loro credito nei libri contabili del mercante-banchiere. La somma iscritta nella lettera di cambio, dopo un certo termine, doveva essere restituita con un interesse proporzionale alla lunghezza del prestito e alla sua rischiosità. Questo è sicuramente il primo embrione che ha dato il via allo sviluppo dell'attività bancaria.

Tra il XII e il XIV sec. lo spazio commerciale si allarga verso l'Oriente, grazie anche alle ingenti risorse provenienti, prima, dallo sviluppo dei centri urbani e, poi, dalla scoperta del Nuovo Mondo. I grandi mercanti diventano sempre più un centro finanziario, non solo per i mercanti più piccoli, ma anche per i principi e i re che si rivolgevano a loro per poter finanziare le loro imprese militari. Si assiste in questo periodo alla nascita dei primi banchi cittadini (il Banco di Rialto a Venezia, il nuovo Banco di San Giorgio a Genova, la Banca di Amsterdam, la Banca di Amburgo).

A cavallo tra il XVII e il XVIII sec. vi fu una rivoluzione finanziaria che ebbe la sua genesi in Olanda, per poi diffondersi in Inghilterra e, infine, prendere piede in tutti i paesi sviluppati.

LE BASI DELLA FINANZA: LA GUIDA PER PRINCIPIANTI PER CAPIRE ECONOMIA E FINANZA

L'Olanda, tramite la costruzione di nuove forme giuridiche, permise la circolazione di ricchezza finanziaria come mai si era visto prima. La svolta si ebbe quando il Parlamento olandese decise l'istituzione della Compagnia delle Indie Orientali (1602) a cui venne attribuito il monopolio del commercio olandese verso l'Asia, con lo scopo di competere col duopolio formato da Inghilterra e Portogallo. L'innovazione principale fu quella di raccogliere capitali mediante una sottoscrizione pubblica aperta a tutti. La Compagnia diventò la prima società per azioni a capitale diffuso. Inoltre, nel 1609, venne istituito il Banco di Amsterdam, specializzato nella conversione delle varie monete circolanti in Europa in banconote aventi la garanzia dello Stato Olandese (nella forma di ricevute bancarie utilizzabili per scambi con altri clienti della banca). Si costruì un efficiente sistema di trasferimenti addebito-credito tramite iscrizioni contabili che permise di effettuare un grosso ammontare di scambi commerciali senza l'utilizzo della moneta.

Nel 1694 venne istituita a Londra la Bank of England, la prima banca commerciale nata come società per azioni, che si occupava di ricevere depositi ed emettere banconote sulla base di una concessione di monopolio parziale. A metà del Settecento si affermò a Londra un forte mercato obbligazionario basato sulla circolazione di titoli di debito del governo britannico.

Lo sviluppo di queste nuove forme di circolazione della ricchezza fu la base del moderno sistema finanziario. La rivoluzione industriale, avvenuta tra la fine del XVIII e il XIX sec., portò ad un aumento della produttività tale da rendere necessario un utilizzo sempre più massiccio degli strumenti finanziari.

A partire dal XX sec., poi, la finanza diventa un fenomeno globale. Grazie alla creazione di mercati aperti e internazionali, oltre che ad una tecnologia che permette di operare investimenti da qualsiasi zona del globo con costi di transazione ridottissimi, la circolazione dei prodotti finanziari è aumentata esponenzialmente.

Questa rapidità di movimento su scala planetaria, tuttavia, aumenta il rischio derivante da un'eccessiva variabilità dei prezzi dei prodotti finanziari, che sfuggono ad un'efficacia regolamentazione delle istituzioni statali e sovranazionali. La crisi dei mutui *subprime* americani (2007-2009) ne è un chiaro esempio: delle distorsioni all'interno di un singolo settore statunitense (settore immobiliare e il finanziamento che vi stava alla base) hanno portato ad una crisi che si è estesa a livello globale.

L'interdipendenza tra economia e finanza è ormai affermata su scala internazionale, rivelando un'instabilità generale del sistema generata da svariati fattori: squilibri macroeconomici, scelte di tipo emotivo (una dichiarazione mal interpretata di un politico può causare un crollo in borsa), cattivi comportamenti individuali (speculazioni ai limiti della legalità o vere e proprie azioni illegali), ma anche un'incapacità, a qualsiasi livello, di adottare una disciplina e una vigilanza efficiente.

Si è posto, ormai, a livello internazionale la necessità di interventi pubblici che possano attenuare la schizofrenia dei mercati, soprattutto per mitigarne gli effetti sull'economia reale. Dalla storia moderna della finanza emerge sempre di più il bisogno di adottare regole da applicare in maniera omogenea in tutti i paesi e nei confronti di tutti gli operatori, con una vigilanza che deve, necessariamente, affermarsi a livello sovranazional

CAPITOLO 2
I prodotti finanziari

I risparmiatori hanno diverse opzioni per investire le proprie risorse. Le scelte in questo campo dipendono da diversi fattori: quantità di denaro posseduto, dalle motivazioni del risparmio, dalla propensione al rischio. Nell'ormai infinito catalogo di attività finanziarie tra cui poter scegliere, possiamo indicare 5 prodotti più rilevanti: depositi bancari, investimenti immobiliare, titoli, azioni, fondi di investimento. Gli investitori, inoltre, per ciascun prodotto finanziario deve tener conto di alcune caratteristiche fondamentali: il rendimento, il rischio, la liquidità (la facilità di trasformare l'investimento in denaro) e l'imposizione fiscale.

Il deposito bancario è un investimento semplice e, tendenzialmente, a basso rischio, perché di solito è lo stesso Stato a garantire i depositi anche in caso di fallimento della banca. Con un contratto di deposito il cliente trasferisce alla banca una certa somma di denaro. La banca si obbliga di restituire il deposito in uno dei tre seguenti modi:

●A scadenza fissa: la restituzione avviene alla scadenza di un termine concordato al momento della stipulazione del contratto.

●Con preavviso: la consegna del denaro avviene dopo un certo periodo a partire dal momento in cui il cliente fa richiesta di restituzione.

•A vista: La somma viene consegnata appena il depositante ne fa richiesta.

La banca si obbliga a restituire la somma depositata più un certo ammontare di interessi, di solito maggiore per i depositi a scadenza fissa, minore per quelli con preavviso e ancora minore per quelli a vista. Le banche possono emettere anche dei titoli di deposito con i quali si può facilmente trasferire il diritto a ritirare la somma depositata. In caso di titolo nominativo basterà iscrivere l'avvenuto trasferimento di proprietà (con la cosiddetta girata). Per i titoli al portatore, invece, sarà sufficiente consegnare fisicamente il documento alla persona alla quale vuole si vuole trasferire il diritto.

Un investimento su un bene immobile, invece, è molto più complesso. Il tasso di crescita del mercato immobiliare è abbastanza fluttuante e negli ultimi anni è in sofferenza a causa di una prolungata stagnazione. Nonostante questo, il mercato dei beni immobili è considerato più stabile rispetto ad altri settori per cui un investimento del genere viene considerato, relativamente, sicuro. Tuttavia, gli immobili sono dei beni decisamente illiquidi. Trovare un acquirente per il bene richiede tempo e più velocemente si vuole disinvestire, minore sarà la somma ottenuta dalla vendita. Inoltre, sono alti i costi della transazione: generalmente intorno al 5% sul valore dell'immobile.

I titoli sono metodi di finanziamento di aziende e di governi. Altro non sono che obbligazioni con la quale chi prende in prestito si impegna a pagare il soggetto finanziatore restituendo la somma ricevuta più un certo tasso di interesse. Il soggetto debitore accetta di pagare il creditore con un rendimento fisso e a scadenze prefissate. Un titolo decennale con un tasso di interesse del 10% renderà 1000 euro ogni anno e 10 000 a fine prestito. I titoli possono essere a breve termine o a lungo termine (se hanno una scadenza superiore ai dieci anni).

I titoli potrebbero sembrare un investimento sicuro in quanto il risparmiatore sa ex ante quanto riceverà a fine prestito. Ma bisogna considerare la possibilità, soprattutto nei titoli a più lunga scadenza, che l'ente che ha emesso il titolo fallisca prima della scadenza del prestito. Inoltre, prima della fine del titolo l'investitore potrebbe aver bisogno di vendere il titolo. Nel caso in cui il tasso di interesse per il titolo sia diminuito, mettiamo sia passato dal 10% al 5%, allora il titolo acquistato al tasso di interesse maggiore aumenterà il suo valore, in quanto chi vorrà investire sullo stesso titolo ora potrebbe ottenere solo metà rispetto al precedente tasso di interesse. Il contrario avviene se, durante la decorrenza del titolo, questo aumenti il suo tasso di interesse. Anche a causa di questa incertezza riguardo l'andamento del valore del titolo, i titoli a lungo termine saranno più rischiosi di quelli a breve termine. Per questo i titoli con scadenze più lunghi hanno mediamente dei rendimenti più elevanti: il maggiore rischio deve essere sempre compensato da un maggiore guadagno.

Si può investire anche in azioni, cioè in quote di partecipazione di un'azienda (società per azioni). Comprando azioni, quindi, si diviene proprietario di parte di un'impresa.

In primo luogo, un investimento in quote azionarie è remunerativo perché le società pagano parte dei loro profitti direttamente agli azionisti (dividendi). In secondo luogo, chi acquista delle azioni può sperare che aumentino di valore per poi venderle ad un prezzo più altro rispetto a quanto si sono acquistate.

Le azioni sono più rischiose dei titoli obbligazionari perché i profitti di un'impresa sono molto variabili, per cui il risparmiatore non sa quanto potrà guadagnare dalla somma investita. Inoltre, in caso di fallimento i titoli di debito sono maggiormente garantiti rispetto alle quote azionarie (anche in caso di intervento dello Stato).

Un fondo di investimento raccoglie denaro dai vari risparmiatori per convogliarlo in un fondo comune. Un fondo di investimento monetario investe le sue risorse solo in certificati di deposito e altre attività a basso rischio (titoli di stato). Il vantaggio di uno strumento del genere è che offre un investimento sicuro (anche se la garanzia non può essere assoluta) e con bassi costi di gestione. Tuttavia, la remunerazione è bassa per cui spesso non sono usati tanto come forma di investimento, ma come luogo dove parcheggiare una certa liquidità.

Esistono poi dei fondi che investono prevalentemente in titoli azionari (fondi azionari), con un grado di rischio maggiore, ma con profitti potenziali più elevati rispetto ai fondi monetari.

Infine, possiamo citare i fondi obbligazionari, che investono principalmente in titoli di stato e obbligazioni; e i fondi bilanciati, che investono in maniera bilanciata sia in azioni che in obbligazione, con un grado di rischio che aumenta al crescere della quota di investimento riservato ai titoli azionari.

LE BASI DELLA FINANZA: LA GUIDA PER PRINCIPIANTI PER CAPIRE ECONOMIA E FINANZA

La struttura giuridica del fondo è quella della società per azioni, denominata società di gestione, costituita con i capitali degli investitori. La società di gestione promuove la costituzione del fondo e gestisce gli investimenti in strumenti finanziari. Queste due funzioni possono essere anche separate: una società promuove la costituzione del fondo (società promotrice) e affida la gestione ad un'altra compagnia (società di gestione) per amministrare gli investimenti.

A seguito dell'attività del gestore, rientrano a far parte del fondo, oltre le somme versate dai risparmiatori, gli strumenti finanziari e gli altri beni acquistati con tali somme, i ricavi, i dividendi e ogni altro provento derivante da questi beni.

Ciascun fondo comune ha un patrimonio autonomo, separato da quello della società di gestione e da quello dei singoli investitori. Questo patrimonio è depositato presso una banca, definita banca depositaria.

Oltre alle tipologie già esaminate, possiamo suddividere i fondi in aperti e chiusi.

I fondi aperti sono possibili solo se l'oggetto dell'investimento è costituito da strumenti finanziari. Questi fondi sono aperti in quanto è consentito un veloce disinvestimento ai risparmiatori: è possibile chiedere in qualsiasi momento il rimborso delle quote.

I fondi chiusi sono legati ad investimenti durevoli, i quali necessitano un certo periodo di tempo per il disinvestimento (es. l'acquisto e la successiva vendita di beni immobili). In queste strutture è possibile richiedere il rimborso della quota solo al termine di durata del fondo.

CAPITOLO 3
I prodotti derivati

Nel catalogo dei prodotti derivati vi rientrano anche i cosiddetti prodotti derivati: contratti con scadenza a termine il cui valore dipende dalla quotazione delle attività che vi stanno alla base (e dai cui derivano). Generalmente, si riconducono tre finalità a questo tipo di prodotti:

•Copertura (hedging): ridurre il rischio di un portafoglio preesistente.

•Speculativa: esporsi al rischio per ottenere un maggiore profitto

•Arbitraggio: conseguire un profitto privo di rischio tramite delle operazioni combinate sul derivato e sul prodotto finanziario sottostante.

I principali prodotti derivati sono gli *swap*, i *futures* e le *options*.

Gli swap (cambio) principalmente vengono effettuati su valute e tassi di interesse. Negli swaps sui tassi di interesse, due parti indebitate con terzi a tassi d'interesse differenti (ad esempio una a tasso fisso e una a tasso variabile) si impegnano, alla scadenza di ciascun periodo di maturazione, a regolare fra loro la differenza fra i due ammontari. Questo viene giustificato dal fatto che il soggetto addebitato a tasso fisso può temere un abbassamento dei tassi, mentre il soggetto addebitato a tasso variabile si preoccupa di un innalzamento. Negli swaps su valute, le parti prendono come riferimento il rapporto di cambio fra due valute (nazionale e straniera) e si obbligano a regolare fra di loro la differenza tra il valore di cambio concordato e il valore in vigore alla data di scadenza del contratto. Una parte può essere un importatore con una scadenza futura in moneta estera; l'altra parte, invece, un esportatore con un credito a scadenza futura nella stessa moneta estera. In questo modo viene eliminato il rischio in quanto la parte che, per effetto del deprezzamento di una valuta, aveva subito un danno riceve dall'altra, che invece aveva ottenuto un profitto dal medesimo deprezzamento, una somma uguale alla perdita.

Altro strumento è il future, col quale le parti si obbligano, alla scadenza di termine, a scambiare una certa quantità di sottostante (attività finanziaria o merci) ad un prezzo prefissato. In questo caso le due parti puntano su un evento opposto: il venditore spererà in un deprezzamento rispetto al costo fissato; il compratore, invece, in una crescita del valore del sottostante. Una categoria analoga è quella dei forwards che, a differenza dei futures, non sono negoziati all'interno dei mercati regolamentati.

L'ultimo prodotto da esaminare è rappresentato dalle options. Con questi contratti viene attribuito il diritto (non l'obbligo come nei futures) di acquistare, o vendere, un certo bene sottostante ad un prezzo prefissato. Se il diritto deve essere esercitato entro una certa data, avremo un'opzione americana; se, invece, il diritto deve essere esercitato alla scadenza di un certo termine, sarà un'opzione europea.

Simili alle options sono i covered warrants i quali, a differenza delle opzioni, che sono contratti tra investitori, sono titoli che incorporano un'opzione emessa da

emittenti qualificati come banche o imprese di investimento.

CAPITOLO 4

Le criptovalute

Lo sviluppo tecnologico, grazie anche ai nuovi strumenti di crittografia (metodi per rendere un messaggio intelligibile solo alla persona autorizzata a farlo) e la diffusione di internet, sta portando avanti un cambiamento epocale nell'economia mondiale, in particolare nel settore finanziario.

Un esempio è la diffusione di criptovalute come il bitcoin (attualmente la criptovaluta più famosa). La criptovaluta, come dice la stessa parola, è una valuta nascosta alla quale si può avere accesso solo conoscendo un determinato codice informatico. Non è possibile trovare una forma fisica, ma si genera esclusivamente per via informatica.

La criptovaluta, ove vi sia il consenso alla transazione, può essere scambiata in modalità peer-to-peer (tra due dispositivi compatibili a leggere il codice informatico) per poter acquistare beni e servizi, come una vera e propria moneta.

Una classificazione può essere fatta tra criptovalute unidirezionali e bidirezionali. La differenza sta nella possibilità di poter scambiare la valuta virtuale con moneta ufficiale avente corso legale. Ad esempio, i bitcoin sono una criptovaluta bidirezionale in quanto possono essere scambiati con le più importanti valute ufficiali.

Ma questi strumenti possono svolgere la stessa funzione della moneta? Sappiamo che alle valute aventi corso legale normalmente è assegnata le funzioni di unità di conto, mezzo di pagamento legalmente accettato e di deposito di valore. L'elevata fluttuazione del valore delle criptovalute impedisce di svolgere la funzione di unità di conto, cioè un valore numerico standard per la valutazione di beni e servizi all'interno del mercato. La volatilità dei prezzi delle maggiori criptovalute, anche all'interno della stessa giornata, rende impossibile prezzare beni e servizi con queste valute digitali. E questo influenza anche la possibilità di fungere da riserva di valore, in quanto vi è un alto rischio che un bene del genere in futuro si deteriori economicamente. Per quanto riguarda la funzione di mezzo di pagamento, bisogna dire che le criptovalute, a differenza delle valute ufficiali, l'accettazione del pagamento è su base volontaria; per cui potrà svolgere questa funzione sulla base di quanti agenti del mercato, volontariamente, decidano di utilizzare le valute digitali nei loro pagamenti.

Le caratteristiche principali delle criptovalute sono tre:

• Un protocollo: un codice informatico che permetta agli utenti di effettuare le transazioni.

• *Distributed ledger* o *blockchain*: una sorta di libro contabile che conserva in maniera immodificabile le informazioni.

• Una rete decentralizzata: gli utenti aggiornano, conservano e consultano la distributed ledger delle transazioni tramite le regole del protocollo.

Il distributed ledger o blockchain è fondamentale per tutelare la sicurezza del sistema. I partecipanti sono definiti "nodi" e sono connessi l'uno con l'altro in maniera distribuita. Si viene a formare un elenco in continuo aggiornamento, le cui registrazioni (chiamati *block*) sono collegate e rese sicure tramite la crittografia. I dati di un blocco non possono essere modificati senza modificare tutti i blocchi successivi e per fare questo servirebbe il consenso di un numero elevato di utenti. La natura distribuita del sistema lo rende particolarmente stabile e sicuro, anche se richiede tempi e costi non trascurabili dovuti all'energia elettrica necessaria per i processi di validazione e la capacità computazionale per risolvere i complessi algoritmi della crittografia.

Per creare una criptovaluta si ricorre alla cosiddetta *Initial Coin Offering*: con questo termine si indica la raccolta di fondi necessari per lanciare un'attività imprenditoriale. A differenza dei più classici crowdfunding e offerta pubblica iniziale, l'ICO presuppone l'emissione di coin o token digitali in luogo dei classici strumenti finanziari. Il ciclo dell'ICO riflette quello del lancio di un'attività imprenditoriale finalizzato alla ricerca di investitori: creazione di un progetto innovativo da sviluppare/finanziare, redazione e pubblicazione di un documento esplicativo del progetto, utilizzo del blockchain per le fasi di coinvolgimento degli investitori, emissioni di titoli (in questo caso token) a favore di chi decide di sottoscrivere l'offerta.

Le criptovalute sicuramente possono offrire dei vantaggi in termine di velocità dei pagamenti e inclusione finanziaria, garantendo, inoltre, una buona sicurezza della transazione derivante dal sistema di blockchain. Tuttavia, la natura tendenzialmente anonima delle valute digitali le ha rese attraenti per la circolazione di flussi di denaro provenienti da attività illecite. I rischi sulla politica monetaria, invece, sembrano ancora limitati data l'esigua diffusione di queste forme di pagamento, ma potrebbero accrescersi con l'aumento del loro utilizzo.

Inoltre, resta il problema dell'attuale mancanza di regolamentazione del settore che lascia i consumatori esposti a comportamenti fraudolenti e al fallimento delle piattaforme online. Rimane ancora difficile adottare una disciplina efficiente a causa della natura globale del fenomeno. Per di più, la maggior parte degli enti che emettono queste valute agiscono al di fuori del sistema finanziario convenzionale; e ciò ne rende complicato il monitoraggio. I paesi hanno utilizzato approcci differenti in merito: in certi casi le criptovalute sono state assimilate agli strumenti finanziari classici, applicando la relativa disciplina; oppure si è proceduto a diramare avvertenze per i consumatori; o, ancora, si è reso addirittura illegale la negoziazione e lo scambio delle valute virtuali.

Anche in questo ambito, l'unico approccio funzionale sarebbe una regolamentazione omogenea a livello globale, con una sorveglianza sovranazionale che permetta di affrontare un fenomeno che travalica i confini nazionali e i singoli ordinamenti giuridici.

CAPITOLO 5
I mercati finanziari

Come tutti i beni, anche gli strumenti finanziari (azioni, obbligazioni, quote di fondi etc.) hanno un proprio mercato dove vengono comprati e venduti. I mercati finanziari di dividono in mercato primario e mercato secondario. Nel primo si acquistano i titoli al momento della loro emissione. Nel secondo si scambiano i titoli già sottoscritti.

I mercati finanziari non sono dei luoghi fisici, ma delle piattaforme informatiche dove si incontrano le proposte di acquisto e di vendita inserite nel sistema.

I mercati regolamentati (borse valori) sono i sistemi dove, nel rispetto di un regolamento, gli intermediari immettono, per conto proprio o dei loro clienti, le proposte di acquisto e di vendita all'interno del sistema. L'attività di gestione e di organizzazione dei mercati regolamentati di strumenti finanziari è esercitata da una società per azioni. Tale società di gestione deve avere dei requisiti finanziari e di trasparenza fissati dall'autorità di vigilanza (in Italia la Consob).

Nel regolamento del mercato devono essere indicate le condizioni per l'ammissione, la sospensione e l'esclusione di intermediari e strumenti finanziari all'interno del mercato; le modalità in cui avvengono le negoziazioni; le modalità di accertamento e la diffusione dei prezzi. Questi poteri vengono esercitati dalla società di gestione, la quale deve comunicare alla Consob le decisioni riguardarti l'ammissione, la sospensione e l'esclusione di operatori e strumenti finanziari. Se si manifestano gravi irregolarità nella gestione dei mercati, il Ministro dell'Economia, su proposta della Consob, può disporre la revoca degli amministratori della società e nominare un commissario.

I mercati multilaterali di negoziazione sono molto simili alle borse valori in quanto sono autorizzati dalla Consob e sottoposti alle regole della stessa autorità di vigilanza. La differenza sta nel fatto che l'autorizzazione può essere concessa anche a soggetti diversi da società di gestione del mercato, come banche e società di intermediazione immobiliare. Inoltre, Il bagaglio informativo fornito in questi sistemi è inferiore rispetto ai mercati regolamentati, ad esempio in riferimento ai meccanismi di pubblicità riguardo i maggiori azionisti, il controllo delle società e le operazioni effettuate dagli amministratori.

È ammessa, infine, la presenza di internalizzatori sistematici, cioè imprenditori (solitamente banche autorizzate alla negoziazione per conto proprio e per conto terzi) che in modo organizzato, frequente e sistematico negoziano strumenti finanziari. Non è richiesta alcuna autorizzazione preventiva; tuttavia, è necessario informare preventivamente la Consob della decisione di negoziare strumenti finanziari in maniera sistematica. Si tratta di una negoziazione bilaterale in quanto l'unico intermediario è proprio l'internalizzatore, il quale fissa il prezzo e scambia il titolo con chi lo vuole vendere o acquistare.

Il legislatore, con la finalità di tutelare la regolare funzione del mercato, ha introdotto dei reati specifici per il settore.

LE BASI DELLA FINANZA: LA GUIDA PER PRINCIPIANTI PER CAPIRE ECONOMIA E FINANZA

Innanzitutto, le società quotate hanno l'obbligo di comunicare al pubblico le informazioni privilegiate; cioè informazioni specifiche che il pubblico non dispone, riguardo gli emittenti e gli strumenti finanziari, le quali potrebbero influenzare il prezzo dei titoli. Se manca questa informazione, vi è il rischio che le negoziazioni possano essere influenzate dall'operato di chi è conoscenza di tali informazioni (insider trading). Ad esempio, un amministratore che viene a conoscenza (prima del pubblico) del fatto che la società ha ricevuto un appalto di grande valore, potrebbe acquistare azioni a un prezzo più basso rispetto alla crescita che, presumibilmente, avranno nel breve termine. Di conseguenza, è stata vietata la possibilità di negoziare strumenti finanziari, anche per interposta persona, a chi ha ricevuto tali informazioni privilegiate. È vietata anche la comunicazione a terzi di queste informazioni senza giustificato motivo e consigliare ad altri l'operazione finanziaria, anche senza comunicare la specifica informazione privilegiata. La violazione di tali divieti va a configurare il reato di abuso di informazioni privilegiate.

Altre sanzioni penali sono previste per chi, tramite diffusione di notizie false o altri artifici, realizzi comportamenti idonei ad alterare i prezzi degli strumenti finanziari (manipolazione del mercato). La manipolazione del mercato, se avviene all'interno di mercati non regolamentati, viene definita aggiotaggio.

CAPITOLO 6
La liquidità

La liquidità è un concetto molto importante nell'ambito degli investimenti finanziari. Per liquidità si intende la facilità con cui si può scambiare un bene. In tal senso, la moneta è il bene più liquido che ci sia dato che è il mezzo di pagamento universalmente riconosciuto all'interno dei moderni sistemi economici, mentre un quadro rubato è di certo un bene illiquido a causa della difficoltà che si ha nel piazzarlo sul mercato.

Per usare un approccio più tecnico, possiamo dire che un bene tanto è liquido quanto sono minori i costi di transazione che la conversione comporta e i tempi necessari per tale operazione. I beni immobili, ad esempio, sono dei beni decisamente illiquidi in quanto vendere un immobile necessita tempi lunghi, oltre che elevati costi di transazione. Sono beni illiquidi anche prodotti come i cavalli da corsa o i vini d'annata.

Tuttavia, non è detto che l'illiquidità equivalga ad una cattiva qualità dell'investimento: beni del genere nel lungo termine possono essere molto redditizi, soprattutto se acquistati a prezzo scontato durante un periodo di carenza di domanda.

Di contro, le azioni e gli strumenti finanziari possono essere beni molto liquidi.

Diversi sono i fattori che incidono sulla liquidità di uno strumento finanziario. Innanzitutto, il requisito fondamentale della liquidità è la negoziabilità di uno strumento finanziario, a sua volta influenzata dalla trasferibilità dello stesso e quindi dalla sua circolazione nel mercato secondario successiva all'emissione nel mercato primario. Inoltre, bisogna far riferimento alla standardizzazione e divisibilità del titolo, in modo da garantire il massimo accesso da parte degli investitori (un mercato è tanto più liquido quanto maggiore è il volume delle contrattazioni), e dal fatto che lo strumento sia quotato. La liquidità dipende anche dalla vita residua dello strumento finanziario: un titolo è tanto più liquido quanto più vicina è la sua scadenza.

Anche la credibilità dell'emittente gioca la sua parte nel rendere liquido un prodotto finanziario. Sotto quest'ultimo punto di vista, il rischio legato alla solvibilità dell'emittente è un fattore di incidenza rilevante sulla liquidità di un titolo, sia esso un titolo di credito, come le azioni, o un titolo di debito, come le obbligazioni.

La liquidità di un'attività ed il rendimento di questa sono inversamente proporzionali: quanto più l'attività è liquida, tanto minore è il rischio che l'investitore non riesca a venderla facilmente. Contribuiscono, infine, alla liquidità di uno strumento l'ampiezza e l'elasticità del mercato nel quale esso è trattato.

CAPITOLO 7
Gli intermediari finanziari

I risparmiatori, che decidono di investire le proprie risorse a titolo individuale, solitamente ricorrono a intermediari finanziari: o banche, che prestano i loro servizi accessori rispetto alla principale attività creditizia; o imprenditori, che forniscono professionalmente i loro servizi di intermediazione.

Lo svolgimento di servizi di investimento che hanno per oggetto servizi finanziari è riservato a imprese bancarie e alle cosiddette imprese di investimento: queste imprese possono essere extracomunitarie, se hanno sede in un paese al di fuori dell'Unione Europea; o comunitarie, se hanno la sede legale all'interno dell'Unione. In Italia, le imprese di investimento sono chiamate "società di intermediazione mobiliare" (SIM).

. La Banca d'Italia autorizza le banche e gli intermediari finanziari per l'esercizio dei servizi di investimento.

L'autorizzazione per iscrivere le SIM nell'apposito albo è, invece, rilasciata dalla Consob, su parere rilasciato della Banca d'Italia. Per rilasciare l'autorizzazione, è necessario che la società sia costituita nella forma della società per azioni, che ricomprenda nella sua denominazione "società di intermediazione immobiliare" e altri requisiti patrimoniali e di trasparenza.

Altri soggetti abilitati a prestare alcuni servizi finanziari sono le società di gestione del risparmio (SGR) che si occupano della promozione e gestione di fondi comuni. I servizi che possono essere prestati sono: la gestione di portafogli, la consulenza in materia di investimenti e, solo in alcuni casi, attività di gestione di sistemi multilaterali di negoziazione. La gestione collettiva del risparmio viene articolata in due fasi: l'istituzione del fondo e la gestione dei rapporti con i partecipanti; e le decisioni operative riguardo gli investimenti, che andranno a definire la composizione del portafoglio.

Entrambe le attività, come già accennato, possono essere effettuate da un'unica SGR come da due enti diversi, nel caso in cui la società promotrice affidi la gestione ad un'altra SGR.

La gestione collettiva del risparmio può essere esercitata anche dalle società di investimento a capitale variabile (SICAV). La struttura di queste società di distingue dai fondi comuni precedentemente esaminati: nei fondi la posizione di partecipante al fondo (investitore) non coincide con quella di azionista della società di gestione, rimanendo distinto il patrimonio del fondo e quello della società di gestione (società per azioni a capitale fisso). Nei fondi (aperti) il patrimonio variabile è solo quello del fondo stesso, dato che in qualsiasi momento gli investitori possono acquistare quote o chiederne il rimborso. Tale distinzione, invece, non si ha nelle SICAV, dove le posizioni dell'investitore e dell'azionista coincidono poiché l'investimento consiste proprio nella sottoscrizione di azioni della società. Essendo il capitale variabile, l'azionista ha la possibilità di partecipare e recedere in qualsiasi momento, senza la necessità di deliberare una modifica del capitale sociale. Fondi comuni e SICAV, nonostante la differente struttura giuridica, assolvono alla stessa funzione di affidamento a terzi di un capitale da investire nella negoziazione di strumenti finanziari.

La promozione e il collocamento presso il pubblico di strumenti finanziari possono avvenire anche al di fuori della seda della società intermediaria (banca, SIM, SGR etc.). In questo caso, l'attività è scolta da un promotore finanziario, cioè un soggetto che esercita professionalmente l'offerta fuori sede come dipendente, agente o mandatario dell'ente. Per cui il promotore è l'unico soggetto autorizzato ad incontrare i risparmiatori al di fuori della sede dell'intermediario. L'attività di promotore può essere svolta solo al seguito di un'iscrizione all'interno di un apposito albo. Il promotore finanziario agire solo per conto di un intermediario, il quale deve costantemente monitorare il suo operato, in quanto co-responsabile della sua attività. Il promotore riceve il compenso in provvigioni dall'intermediario per cui opera, per cui non è autorizzato a ricevere pagamenti per i servizi offerti dal cliente. Possono essere accettati solo assegni bancari (o circolari) non trasferibili intestati all'intermediario, bonifici o strumenti finanziario intestati sempre all'ente per cui opera. Per i contratti conclusi fuori sede, è attribuita al cliente la facoltà di recesso libero che da la possibilità di recedere dal contratto di collocamento senza alcuna spesa o onere. Tale facoltà, inoltre, deve essere chiaramente comunicata dal promotore al cliente al momento della stipulazione del contratto, pena la nullità del contratto stesso.

L'attività di consulenza finanziaria, come tutti i servizi legati agli strumenti finanziari, può essere esercitata solo da determinati soggetti. Le persone fisiche, s.r.l., e le s.p.a., che rispettano i requisiti di onorabilità, professionalità e patrimoniali fissati dal Ministero dell'Economia e delle Finanze, possono svolgere la funzione di consulenti finanziari. In questo caso, i consulenti "indipendenti", non legati quindi ad alcun intermediario, hanno una maggiore libertà nel consigliare investimenti finanziari e sono retribuiti direttamente dal cliente.

Infine, vi sono delle piattaforme online, chiamate equity crowdfunding, nelle quali possono essere acquistate azioni o quote di società innovative in fase di start up. Le start up innovative sono piccole società di capitali che devono avere determinati requisiti che ne dimostrano l'innovatività. Per essere considerata una start up innovativa una società deve:

•Essere costituita da non più di 60 mesi;

•Avere, a partire dal secondo anno di attività come startup innovativa, un valore totale della produzione annua non è superiore a 5 milioni di euro;

•Non distribuire utili;

•Non nascere da fusione o scissione di una società preesistente o da cessione di ramo d'azienda

Inoltre deve avere uno o più dei seguenti elementi:

•le spese in ricerca e sviluppo sono uguali o superiori al 15% del maggiore valore fra costo e valore totale della produzione della startup innovativa. Da questa categoria di spese, sono escluse quelle per l'acquisto e la locazione di beni immobili mentre sono da considerarsi tali le spese legate allo sviluppo precompetitivo e competitivo (per esempio, sperimentazione, prototipazione e sviluppo del business plan), quelle relative ai servizi di incubazione forniti da incubatori certificati, i costi lordi di personale interno e consulenti, le spese legali sulla proprietà intellettuale.

•Il team è formato per almeno 1/3 da dottori di ricerca o dottorandi di università italiane o straniere, oppure laureati che, da almeno tre anni, sono impegnati in attività di ricerca certificata presso istituti di ricerca pubblici o privati con sede in Italia o all'estero; oppure per almeno 2/3 da soci o collaboratori che hanno conseguito una laurea magistrale.

•È titolare, depositaria o licenziataria di un brevetto registrato (privativa industriale) oppure titolare dei diritti relativi ad un "programma per elaboratore originario" (software) registrato presso il Registro pubblico speciale per i programmi per elaboratore (SIAE), che siano direttamente connessi all'oggetto sociale e all'attività d'impresa.

Come già accennato, questo tipo di società può offrire i propri strumenti finanziari tramite specifici portali online, necessari per raccogliere il capitale di rischio di queste attività d'impresa. Le piattaforme, inoltre, avranno un ruolo fondamentale nel dare le informazioni agli investitori riguardo le società di cui si offrono gli strumenti finanziari. Vengono fornite delle schede dettagliate in cui sono esposte le informazioni riguardanti la star up e la singola offerta. I gestori di queste piattaforme devono essere autorizzati dalla Consob e iscritti in un apposito registro, anche se ricevano una disciplina meno stringente rispetto agli altri intermediari finanziari. Di contro, i gestori non possono possedere denaro proveniente dagli investitori né eseguire direttamente gli ordini per la sottoscrizione di strumenti finanziari offerti sui portali, dovendo, invece, trasferirli alla banca o alla SIM di riferimento. In nessun caso, inoltre, può essere effettuata attività di consulenza. Il portale online servirà, quindi, a comunicare le informazioni necessarie per l'investimento, oltre che trasmettere l'ordine di adesione all'intermediario autorizzato.

CAPITOLO 8
I servizi finanziari

Attraverso gli intermediari finanziari è possibile compiere delle operazioni che coinvolgano gli strumenti finanziari. I servizi che possono offrire questi enti sono definiti dal Testo Unico della Finanza (decreto legislativo n.58 del 1998):

1.ricezione di ordini di negoziazione di strumenti finanziari;

2.negoziazione di strumenti finanziari;

3.collocamento di strumenti finanziari;

4.la gestione di portafogli su base individuale;

5.consulenza in materia di strumenti finanziari;

6.la gestione di sistemi multilaterali di negoziazione.

Viene considerato un servizio finanziario anche la sola raccolta di ordini che può essere un'attività separata alla successiva negoziazione.

La negoziazione è riservata agli intermediari finanziari, sia all'interno di mercati regolamentati, sia in mercati non regolamentati; per conto proprio e per conto terzi.

Il collocamento può avvenire all'interno e fuori dalla sede (tramite i promotori). Il servizio può essere assunto anche garantendo all'ente emittente il buon esito del collocamento o direttamente sottoscrivendo gli strumenti finanziari al momento dell'emissione per poi collocarli presso terzi.

Altro servizio di investimento riservato agli intermediari professionali e autorizzati è la gestione discrezionale di portafogli di investimento. Si tratta di operazioni portate avanti dagli intermediari nell'interesse dei clienti con la finalità di accrescere il valore del patrimonio mobiliare. L'autorizzazione al servizio di gestione può essere rilasciata alle banche e alle imprese di investimento, ma anche alle società di gestione collettiva del risparmio. La gestione può essere svolta dagli intermediari in nome proprio, ma solo su consenso del cliente, il quale può, inoltre, impartire istruzioni vincolanti sulle operazioni da compiere e può recedere in qualsiasi momento dal contratto di gestione.

La consulenza è un servizio reso da un soggetto abilitato in maniera personalizzata ad un singolo cliente e riguarda gli investimenti da effettuare in materia finanziaria. La consulenza personalizzata va distinta da quella generica, resa come attività preparatoria alla prestazione di un servizio di investimento. E si differenzia anche dalla consulenza che ha ad oggetto la struttura finanziaria o la strategia industriale di un'impresa.

Come già discusso, gli intermediari, al di fuori dei mercati regolamentati, possono organizzare dei sistemi multilaterali di negoziazione o fungere da internalizzatore sistematico, anch'essi considerati servizi finanziari che possono essere forniti solo da determinati soggetti abilitati. Per rendere efficienti questi sistemi, è necessario assicurare la liquidità dei mercati, cioè la pronta esecuzione degli ordini di negoziazione: nei mercati regolamentati questo avviene grazie alla presenza di market makers disposti a negoziare su base continua strumenti finanziari ai prezzi da essi definiti. Lo stesso avviene nei sistemi multilaterali e con gli internalizzatori sistematici, i quali devono assicurare agli investitori una certa quantità di strumenti finanziari da negoziare.

CAPITOLO 9
Guida all'investimento

Procediamo, ora, a dare qualche consiglio utile per identificare gli elementi da valutare per effettuare scelte di investimento che siano realmente ponderate.

Intanto, la prima cosa da fare è definire il proprio profilo finanziario: per fare questo è necessario quanto si vuole investire, quando si vuole avere indietro il denaro investito, il rischio che si è disposti ad assumere e il rendimento a cui si aspira.

Bisogna chiarire, in via preliminare, che non esistono investimenti a basso rischio e alto rendimento. Diffidate da chi vi offre questo tipo di opportunità: il rischio è direttamente proporzionale al possibile profitto. Un rendimento elevato è giustificato perché il risparmiatore deve essere remunerato per il rischio preso al momento dell'investimento.

Un altro elemento da tenere in mente è la diversificazione degli investimenti: si dovrebbe evitare di impegnare tutto il risparmio sulla stessa tipologia di strumenti finanziari. L'ideale sarebbe scegliere investimenti diversi fra loro sia per emittente, che per scadenza e settore economico di riferimento.

Ma a chi bisogna rivolgersi al momento in cui si decide di fare un investimento? Sicuramente ci si può rivolgere ad un'attività di investimento autorizzata, in quanto sui soggetti abilitati a fornire servizi finanziari sussistono tutta una serie di obblighi di legge in riferimento alla professionalità del servizio reso e alle informazioni da trasmettere al cliente.

Una volta definito il profilo finanziario e scelto l'intermediario di riferimento, bisogna decidere materialmente su cosa investire in mezzo ad una gamma amplissima di possibili strumenti finanziari.

Una valutazione particolarmente attenta deve essere prestata per l'acquisto di strumenti finanziari complessi come gli strumenti derivati (swap, futures, options). In alcuni casi, la Consob è arrivata persino a sconsigliare la distribuzione di questi prodotti presso la clientela *retail* (clienti non professionisti).

Lo stesso grado di attenzione dovrà essere prestato per i rischi connessi ai titoli non quotati all'interno dei mercati regolamentati, in quanto potrebbe risultare difficile ottenere un pronto disinvestimento.

Per quanto riguarda il contenuto degli obblighi informativi, gli intermediari (o i promotori finanziari) devono informare in modo adeguato il cliente sulle caratteristiche dell'investimento e dei relativi rischi prima della sottoscrizione, mettere a disposizione il prospetto degli strumenti finanziari offerti e trasmettere la documentazione contrattuale riferita al servizio per il quale si sta pagando.

Tuttavia, non sempre una maggiore informazione significa una migliore tutela per il cliente. L'eccesso di informazione *(information overload)* può causare confusione nel risparmiatore, soprattutto se viene utilizzato una terminologia eccessivamente tecnica. Inoltre, bisogna diffidare delle rappresentazioni grafiche di tali informazioni, le quali possono rappresentare delle "trappole" per l'investitore. Una semplificazione grafica dell'informazione può portare, infatti, ad una errata percezione delle informazioni acquisite.

Un coniglio è quello di riportare sempre al consulente le informazioni ricevute con parole proprie, in maniera tale da confermare l'interpretazione data. Se, nonostante gli accorgimenti presi, non risultano ancora chiare le caratteristiche dei prodotti, allora è meglio decidere di non investire; soprattutto quando si tratta di strumenti finanziari più complessi.

L'intermediario, nella sua veste di consulente o gestore di portafoglio, ha l'obbligo di proporre degli investimenti che siano adeguati al profilo del cliente. Lo strumento tipicamente utilizzato a tal fine è il questionario "MiFID", il quale contiene delle domande che servono a costruire il profilo finanziario di un cliente. Raccogliere informazioni tramite il questionario è obbligatorio per il consulente. Questa rappresenta la tutela più elevata per il risparmiatore e, di contro, un gravoso onere per il consulente il quale dovrà consigliare operazioni compatibili con le informazioni ottenute tramite il questionario. Per cui la compilazione del questionario non dovrà essere presa sotto gamba, ma, anzi, si dovrà cercare di essere il più precisi possibile.

L'investitore dovrebbe fissare i propri obiettivi di investimento in maniera da massimizzare i profitti in ottica di portafoglio. Questo dovrà tener contro di tre elementi principali: orizzonte temporale, aspettative di rendimento e propensione al rischio.

Per orizzonte temporale, si intende il tempo per il quale si è disposti a rinunciare alla liquidità investita. E questo dipende, chiaramente dalle esigenze individuali: le necessità della famiglia, il pagamento delle tasse, i bisogni dell'impresa. Le esigenze possono essere di breve periodo (es. pagare delle tasse) o di lungo periodo (es. acquistare una casa). L'orizzonte temporale dipende anche dall'età del soggetto (se si investe a fini previdenziale il mio orizzonte temporale sarà più ampio a 30 anni piuttosto che a 60). E sarà, inoltre, importante il livello di impazienza: spesso gli individui sono restii a rinunciare a qualcosa nel presente per ottenere un beneficio (anche più grande del sacrificio) in futuro. Il cosiddetto tasso di preferenza intertemporale, quindi, avrà un ruolo determinate nella definizione del nostro orizzonte intertemporale. Con un orizzonte temporale breve si tenderà a fare investimenti a basso rischio, perché non si avrà il tempo di recuperare eventuali perdite. Di contro, se l'orizzonte temporale è lungo avrò la possibilità di rischiare di più, in quanto, in caso di perdite, avrò il tempo per recuperare e ottenere anche guadagni più elevati.

Come abbiamo già potuto comprendere, il rischio è l'elemento centrale dell'investimento: si è detto come il rischio e il rendimento siano direttamente proporzionali. Per cui ad un rischio più alto potremmo avere delle aspettative di rendimento più elevate. Se si desidera, quindi, effettuare un investimento che potenzialmente possa accrescere il nostro capitale, e non solo conservane l'integrità di una certa somma, bisogna essere disposti a prendersi rischi maggiori. Per questo un altro fatto da prendere in considerazione nelle scelte di investimento è la nostra propensione personale al rischio, cioè la nostra disponibilità a subire delle perdite in caso di andamento negativo del mercato o al fallimento dell'emittente dello strumento finanziario. Più siamo propensi al rischio, più saremo capaci di accettare risultati economici diversi rispetto a quelli che ci aspettavamo.

Anche se la percezione del rischio spesso non deriva da ragionamenti razionali, ma da impulsi più istintivi quale può essere la familiarità con un prodotto: ad esempio, acquisto un titolo piuttosto che un altro perché, alla luce di una copertura mediatica maggiore, lo reputo più sicuro. Le nostre valutazioni, quindi, possono essere influenzate da valutazioni che vanno oltre le motivazioni economiche finanziarie e che si rifanno ad impulsi più emotivi: come nel caso di decisioni prese per consigli provenienti da amici o parenti. Oppure, spesso sulle scelte finanziaria influiscono le decisioni pregresse per cui la propensione al rischio può aumentare dopo aver ottenuto un guadagno e, di contro, diminuire al fronte di una perdita recente.

Un altro fattore che distorce la percezione del rischio è l'eccessiva confidenza nelle proprie previsioni: quando si investe in azioni o altri strumenti finanziari orientati alla crescita del proprio patrimonio, si deve accettare anche la volatilità dei mercati

Si deve, inoltre, evitare di investire sulla base di campagne pubblicitarie aggressive. Le compagnie che hanno prodotti di buona qualità non hanno bisogno di arrivare alla clientela tramite questi mezzi, per cui, generalmente, è meglio diffidare delle attività che adottano un approccio di marketing invasivo.

Altri elementi che possono distorcere la nostra percezione del rischio sono: *l'herding behaviour*, il *disposition effect* e il *mental accounting*.

Per evitare decisioni sbagliate si può tendere all'immobilismo o imitare gli atteggiamenti maggiormente diffusi (herding behaviour). In questo modo, si ha qualcuno su cui scaricare eventuali errori e limitare il rimpianto personale.

A causa del disposition effect, gli investitori spesso sono trattenuti a liquidare un investimento in perdita e senza prospettiva di miglioramento, mentre sono ben disposti a vendere dei prodotti che hanno acquistato valore.

Il cosiddetto mental accounting, infine, spinge i risparmiatori a investire in modo diverso in base alla fonte del reddito: ad esempio, dei redditi derivanti dal lavoro vengono investiti in prodotti a basso rischio; mentre in caso di vincite o premi si è più disposti a rischiare in strumenti finanziari più remunerativi.

CAPITOLO 10
Leva finanziaria e securitation

La leva finanziaria è un meccanismo che permette di investire per un ammontare superiore rispetto al proprio capitale. Questo significa che la somma guadagnata o persa potrebbe essere molto elevata rispetto alla somma effettivamente investita.

Per capirne il funzionamento, basterà fare un semplice esempio. Se impegno 100 euro per un investimento che ha percentuali di guadagno o perdita del 20%, significa che potrò guadagnare 20 euro o perderne 20. Diverso è il caso in cui utilizzo la leva finanziaria: posso investire i miei 100 euro insieme ad altri 900 presi in prestito con una leva finanziaria di 10 a 1. Se il prodotto acquistato andrà bene, riceverò il 30% di 1000 euro (e non di 100). Il profitto ottenuto sarà, quindi, 1300 euro. Restituisco i 900 presi in prestito e rimango con 400 euro; addirittura il 400% rispetto la somma investita (al netto degli interessi sul prestito che dovrò pagare).

In caso di perdite, invece, rimarrei solo con 700 euro. Dovendo restituire il prestito ricevuto, più l'iniziale capitale investito, avrò una perdita di 300 euro (il 300% della somma impegnata).

La leva finanziaria, quindi, offre la possibilità di ottenere remunerazioni molto elevate, accompagnata, come è ovvio, anche da grossi rischi, non solo dal punto di vista del singolo investitore, ma, alle volte, anche per l'intero mercato. Se il sistema lavora con una leva molto elevata, in cui gli istituti finanziari si prestano soldi a vicenda per aumentare il profitto potenziale, il fallimento di un soggetto può causare una reazione a catena drammatica.

Gli investitori e i trader utilizzano la leva per aumentare la loro esposizione all'interno del mercato. Anche le imprese ricorrono a questo strumento per acquistare beni da cui pensano di poter ottenere una certa remunerazione: viene comprato un prodotto in debito poiché si prevede di ottenere ricavi più alti degli interessi pagati sul prestito.

Le banche, ad esempio, sono degli enti che operano con una leva molto ampia: ad esempio su un capitale di 100 euro opera con una leva di 20, per cui gestisce attività per 20000 euro. Lo sviluppo dei sistemi di trasferimento del credito ha cambiato il funzionamento tradizionale della banca. Si è passati da un modello *originate-and-hold*, in cui la banca che ha erogato il credito lo tiene in bilancio fino a scadenza, ad un sistema *originate-to-distribute*: l'intermediario seleziona i debitori, ma poi i prestiti vengono girati ad altri in maniera tale da recuperare il capitale inizialmente impegnato. In questo modo, vediamo come la leva vada ad accrescersi in maniera esponenziale.

Sappiamo che una certa leva sia necessaria per sostenere la crescita economica. Tuttavia, non bisogna esagerare nell'esposizione, altrimenti si rischia di creare delle bolle speculative in cui si viene a formare un solco tra finanza ed economia reale. Fenomeni del genere hanno dato origine ad alcune delle crisi economiche più gravi della storia (e che verranno affrontate più avanti).

LE BASI DELLA FINANZA: LA GUIDA PER PRINCIPIANTI PER CAPIRE ECONOMIA E FINANZA

La *securitation* è un'operazione finalizzata alla creazione di titoli negoziabili. In particolare, degli asset finanziari (es. un credito bancario) vengono "cartolarizzati" in uno strumento finanziario e venduti all'interno del mercato. Questa operazione promuove la liquidità e dà la possibilità ai creditori di liberarsi di capitale immobilizzato.

L'esempio classico è quello della banca che emette un certo ammontare di prestiti immobiliari. In questo caso, la banca può ottenere in anticipo la liquidità di questi prestiti cartolarizzando il credito finanziario e piazzandolo all'interno del mercato tramite strumenti finanziari garantiti dagli stessi mutui immobiliari emessi dalla banca.

Gli strumenti finanziari vengono emessi in gruppi, chiamati *tranches*. Ogni tranche ha al suo interno strumenti finanziari omogenei (mutui della stessa tipologia, con analoghe scadenze o con tassi di interessi simili). A seconda del sottostante cartolarizzato, si può parlare ad esempio di titoli MBS (*mortage backed security*, il cui sottostante sono i mutui), CDO (*collateralized debt obligation*, il cui sottostante sono obbligazioni emesse da enti pubblici o privati) o ABCP (*asset backed commercial paper*, il cui sottostante è rappresentato da crediti a brevissimo/breve termine).

Comprando uno strumento finanziario cartolarizzato, gli investitori vanno a sostituire il soggetto emittente nella posizione di creditore. L'emittente può rimuovere l'asset alienato alleggerendo il proprio bilancio. In questo modo, possono essere emessi altri prestiti. Gli investitori guadagnano sugli interessi del prestito sottostante e dell'obbligazione emessa.

Questo strumento offre degli indubbi benefici. Innanzitutto, viene data la possibilità ai piccoli investitori di comprare porzioni di mutui e guadagnare sui loro interessi. Senza la cartolarizzazione questi soggetti non sarebbero in grado di intervenire nel settore non potendo permettersi di surrogare la posizione di creditore su un intero prestito.

A differenza di altri investimenti del genere, gli strumenti cartolarizzati basati su prestiti sono garantiti da beni tangibili. Nell'ipotesi in cui un debitore è inadempiente per un prestito contratto per acquistare, ad esempio, una casa o una macchina, questi beni possono essere pignorati e venduti per pagare i vari creditori.

Infine, muovere dei crediti, permette ai soggetti emittenti di ottenere le risorse per emettere altri presiti e, quindi, favorire la liquidità del mercato.

Tuttavia, nonostante i prestiti sottostanti siano garantiti da beni tangibili, non c'è alcuna garanzia che questi asset mantengano il loro valore in caso di inadempienza. Il rischio, tramite la cartolarizzazione, viene distribuito su diversi investitori ma, nel caso in cui il debitore vada in default e una somma sufficiente non possa essere ottenuta dalla vendita dei beni pignorati, i risparmiatori rimangono comunque insoddisfatti nel loro credito.

Inoltre, spesso in questa tipologia di strumenti non si ha una completa trasparenza sugli asset sottostanti: la crisi dei muti subprime partita dagli Stati Uniti nel 2008 è stata causata proprio da titoli MBS "tossici", i quali hanno fatto scoppiare una bolla finanziaria che ha avuto gravi conseguenze sull'economia globale.

Un altro rischio può essere rappresentato da un pagamento anticipato da parte del debitore che danneggia gli investitori sull'ammontare di interessi pagati sul mutuo sottostante.

Vediamo come anche questi strumenti possono essere, da un lato, utili per la crescita economica e la circolazione della liquidità; ma, dall'altro, un loro uso distorto può creare delle condizioni di mercato così instabili da generare devastanti conseguenze sulla finanza e sull'economia reale.

CAPITOLO 11
La sofisticazione della finanza

Dopo aver esaminato degli strumenti finanziari più complessi, si possono, ora, riportare degli esempi in cui l'utilizzo distorto di certi prodotti possa andare a creare delle cosiddette bolle finanziarie, le quali possono andare ad innescare gravi effetti negativi sui mercati e sull'economia.

La prima grande bolla finanziaria della storia è la bolla dei tulipani del 1637. A partire dal XVI sec. il tulipano iniziò a diventare un bene molto ricercato nel mercato, tanto che la domanda superò di molto l'offerta a causa del lento ciclo riproduttivo. E questo ovviamente spinse in alto i prezzi dei fiori, specialmente quelli delle specie ritenute più ricercate. All'epoca si arrivò a considerare un bulbo di tulipano un investimento sicuro in quanto rappresentava un primitivo "future" sui tulipani. Le aste per aggiudicarsi questi beni avvenivano i luoghi pubblici e privati delle varie città olandesi. L'interesse generato da questo mercato fu tale che si iniziò a comprare presso i coltivatori i bulbi ancora in terra a prezzi fissati ex ante in maniera tale da estendere il commercio a tutto l'anno e non limitarlo ai mesi estivi (quando i bulbi vengono dissotterrati). Per cui si realizzavano dei contratti simili ai moderni futures in cui parte della somma veniva consegnata al momento della conclusione del contratto e il resto veniva pagato alla scadenza. E anche questi contratti, date le lunghe scadenze, erano oggetto di negoziazione tra i commercianti e i coltivatori. Per cui si andava a creare una lunga catena di obbligazioni in cui l'inadempienza di uno (perché non si possedevano i soldi per il saldo o perché non si aveva a disposizione il bulbo promesso) poteva trasmettersi su tutti gli altri partecipanti.

Il mercato divenne, quindi, speculativo: i commercianti acquistavano i contratti sui bulbi per poi poterli rivendere quando il prezzo si sarebbe alzato. Nel giro di qualche anno i prezzi erano diventati completamente slegati dalla realtà, creando una vera e propria "bolla". Si arrivava persino a vendere immobili per comprare i bulbi più pregiati.

L'evento culminante di questa bolla fu la famosa asta di Alkmaar del 5 febbraio 1937, in cui un centinaio di bulbi furono venduti per l'ammontare di 90 000 fiorini (comparabili a circa 5 milioni di euro). Subito dopo, ad Haarlem, un'asta andò vuota e questo scatenò il panico tra gli speculatori che iniziarono a vendere i bulbi facendone crollare il prezzo. Ci fu un'ampia schiera di investitori che fu costretta a pagare dei futures sui bulbi a prezzi molto più elevati di quello che aveva il prodotto al momento della scadenza del contratto. Vediamo come un evento insignificante abbia portato alla luce il fatto che il mercato finanziario dell'epoca si fosse completamente distaccato dalla situazione reale dell'economia.

Un'altra famosa bolla finanziaria è quella che ha portato alla crisi del '29 e la cosiddetta "Grande Depressione". In questo caso, la crisi ebbe origine da una politica fortemente espansiva della FED (Federal Reserve System) che mise a disposizione di banche e individui una grande liquidità, impiegata principalmente nell'acquisto di azioni di Wall Street tramite gli investiment trust (una forma di fondo di investimento). L'elemento centrale nella costruzione della bolla è stato l'utilizzo dei contratti di riporto: contratti conclusi tra i risparmiatori e gli operatori di borsa con i quali quest'ultimi fornivano ai propri clienti a prestito la liquidità necessaria agli acquisti di titoli ricevendo a garanzia i titoli medesimi, con l'obbligo di restituzione del prestito stesso a scadenza ravvicinata (tipicamente, un mese). Gli operatori di borsa a loro volta si finanziavano presso le banche portando a garanzia i titoli azionari consegnati loro dai propri clienti "a riporto". Come spesso avviene in questi casi, la stessa spinta emotiva che aveva portato ad una grossa crescita, determina una forza della stessa portata di senso contrario che spinge il mercato verso il basso al momento in cui si avvertono le prime crepe del sistema. Il mercato inizio a crollare non appena fu avvertita la prima tendenza al ribasso. Lo stesso "martedì nero" che sancì l'inizio della crisi non fu un evento improvviso. Il crollo iniziò il giovedì prima con i primi scossoni della borsa che sono culminati col tracollo del 29 ottobre 1929. Le vendite incontrollate causate dal panico generale portarono ad un crollo del valore degli strumenti finanziari. Questo portò ad una reazione a catena che partì dai risparmiatori, i quali persero le risorse liquide per rientrare dai prestiti ottenuti per l'acquisto di prodotti finanziari. La forte esposizione delle banche spaventò i clienti e questo causò una corsa agli sportelli per il ritiro dei soldi depositati che fece dichiarare bancarotta in poco tempo ad alcune delle più grosse banche americane. Da questo, poi, conseguì una grande depressione che coinvolse tutti i settori dell'economia statunitense e si diffuse in diverso modo sia in America del Sud che in Europa.

L'ultima grande bolla è stata quella che ha portato alla crisi finanziaria del 2008. La bolla finanziaria deriva da una bolla immobiliare che si è venuta a creare tra il 2000 e il 2006 negli Stati Uniti. La concessione di mutui ad alto rischio, ossia a clienti che in condizioni normali non avrebbero ottenuto un prestito, ha spinto in alto il prezzo delle abitazioni. Questo fu favorito anche da una politica accomodante della FED, la quale mantenne i tassi di interesse bassi a seguito della bolla di Internet del 2001, andando a stimolare ulteriormente la domanda immobiliare.

Oltre alla bolla immobiliare e ai tassi di interesse bassi, vi fu anche un abuso dei titoli cartolarizzati: fu emessa una grossa quantità di titoli di credito garantiti proprio dai mutui immobiliari concessi dagli istituti di credito (che ricordiamo erano ad alto rischio di insolvenza). Grazie alle cartolarizzazioni, le banche potevano rientrare velocemente della liquidità impegnata e emettere altri prestiti, aumentando così la leva finanziaria. In ultima istanza, le agenzie di rating non utilizzarono degli schemi sufficientemente avanzati per valutare gli strumenti finanziari che si erano creati i quegli anni, caratterizzati da poca trasparenza ed elevata complessità.

Quando la FED iniziò ad alzare i tassi di interesse nel 2004, sempre più famiglie non riuscirono a restituire le rate dei mutui. La domanda di abitazioni si contrasse facendo scoppiare la bolla immobiliare. A partire dal 2007 fino a tutto il 2008, i titoli cartolarizzati persero valore diventando totalmente illiquidi. Le banche subirono gravi perdite a causa dell'esposizione con le società veicolo di questi titoli e gli altri soggetti che vi avevano investito, ma anche perché erano esse stesse in possesso di una grande quantità di questi prodotti. Anche in questo caso, la crisi finanziaria divenne presto una crisi economica che diffuse a livello globale.

A causa della crisi scatenata dai mutui subprime diversi istituti di credito entrarono in crisi e fu necessario un intervento statale per salvarsi. Questo portò ad aumento del debito pubblico, con gravi conseguenze per le economie più deboli. La scoperta del dissesto dei conti pubblici greci, in particolare, è stato l'evento che ha interrotto la ripresa e dato inizio alla cosiddetta "crisi del debito sovrano". Le organizzazioni europee e internazionali (UE, FMI e BCE) iniziarono a concedere prestiti agli stati in difficoltà. La Grecia ha ricevuto un prestito salvataggio di 110 miliardi. Il Portogallo ha usufruito di un prestito 78 miliardi. Il governatore della banca centrale irlandese dichiara delle gravi perdite nel sistema bancario e anche questo porta ad un prestito di altri 85 miliardi.

In tutta Europa vengono introdotte politiche di *austerity* finalizzate al contenimento della spesa pubblica. Questo non solo provoca un rallentamento della crescita, ma, in alcuni casi, porta a vere proprie recessioni.

La turbolenza del mercato si manifesta soprattutto su valore dei titoli bancari a causa del loro stretto legame col settore pubblico.

La crisi raggiunge il suo culmine nei primi giorni di luglio 2011. In riferimento all'Italia, i titoli di debito pubblico (Btp decennali) hanno raggiunto livelli vicini ai 7 punti percentuali di interesse. Il differenziale con i titoli di stato tedeschi (il cosiddetto spread), invece, è salito fino a valori superiori ai 500 punti.

Don't miss out!

Visit the website below and you can sign up to receive emails whenever Cristina Padovesi publishes a new book. There's no charge and no obligation.

https://books2read.com/r/B-A-DBEV-EAKBC

BOOKS2READ

Connecting independent readers to independent writers.

Did you love *Le Basi della Finanza: La Guida per Principianti per Capire Economia e Finanza*? Then you should read *Le Basi Dell'Economia: La Guida per Principianti per Capire Economia e Finanza*[1] by Cristina Padovesi!

[2]

Scopri i segreti della scienza che influenza di più la nostra vita: l'Economia!

Perché a inizio anno con otto euro compravo dieci libri e ora ne posso comprare solo sette?Perché decidi di comprare un bene piuttosto che un altro?Perché è necessario pagare le tasse?

L'economia influenza la nostra vita quotidiana, le scelte di ogni singolo individuo si ripercuotono su ognuno di noi e

---

1. https://books2read.com/u/meK9vZ

2. https://books2read.com/u/meK9vZ

condizionano la nostra società. Proprio per questi motivo è indispensabile al giorno d'oggi capire e comprendere questa complessa disciplina.

Quante volte hai sentito parlare di Pil del tuo Paese, o scelte di mercato al telegiornale senza capire realmente di cosa stessero parlando. Non credi sia arrivato il momento di capire cosa si cela dietro tali meccanismi? È quindi fondamentale studiare le basi dell'economia, in quanto tutto ciò ti permetterà di prendere le giuste decisioni.

In questo libro si parlerà di economia, i suoi fondamenti e le sue basi. Ma non solo, grazie ad esso comprenderai anche concetti più complessi come le dinamiche di mercato. Capirai da cosa dipende la domanda di un bene e cosa può determinare il fallimento di un'azienda. Tutto questo spiegato con un linguaggio semplice e comprensibile.

Ecco che cosa otterrai da questo libro:

Su cosa si basa l'economiaCosa spinge le aziende a competere tra di loro***Quando un mercato può essere definito perfetto***Cosa determina il potere di acquisto della moneta***Che cosa determina la domanda e l'offerta***Quali elementi determinano il fallimento di un mercato***E molto di più!***

Nella quotidianità delle nostre azioni, sono tantissime le occasioni in cui ci mettiamo a contatto con questa disciplina senza rendercene conto. Anche se non sembra, l'economia influenza e riguarda la nostra vita di tutti i giorni. Le decisioni dei singoli individui, del nostro Paese e della politica gravano sul nostro bilancio famigliare. È quindi indispensabile capire e comprendere il perché di certe decisioni. Scopri le basi di tale scienza e arriva a dire: finalmente ho capito.

Also by Cristina Padovesi

Le Basi Dell'Economia: La Guida per Principianti per Capire Economia e Finanza
Le Basi della Finanza: La Guida per Principianti per Capire Economia e Finanza